بسم الله الرحمن الرحيم

این همه یوسف

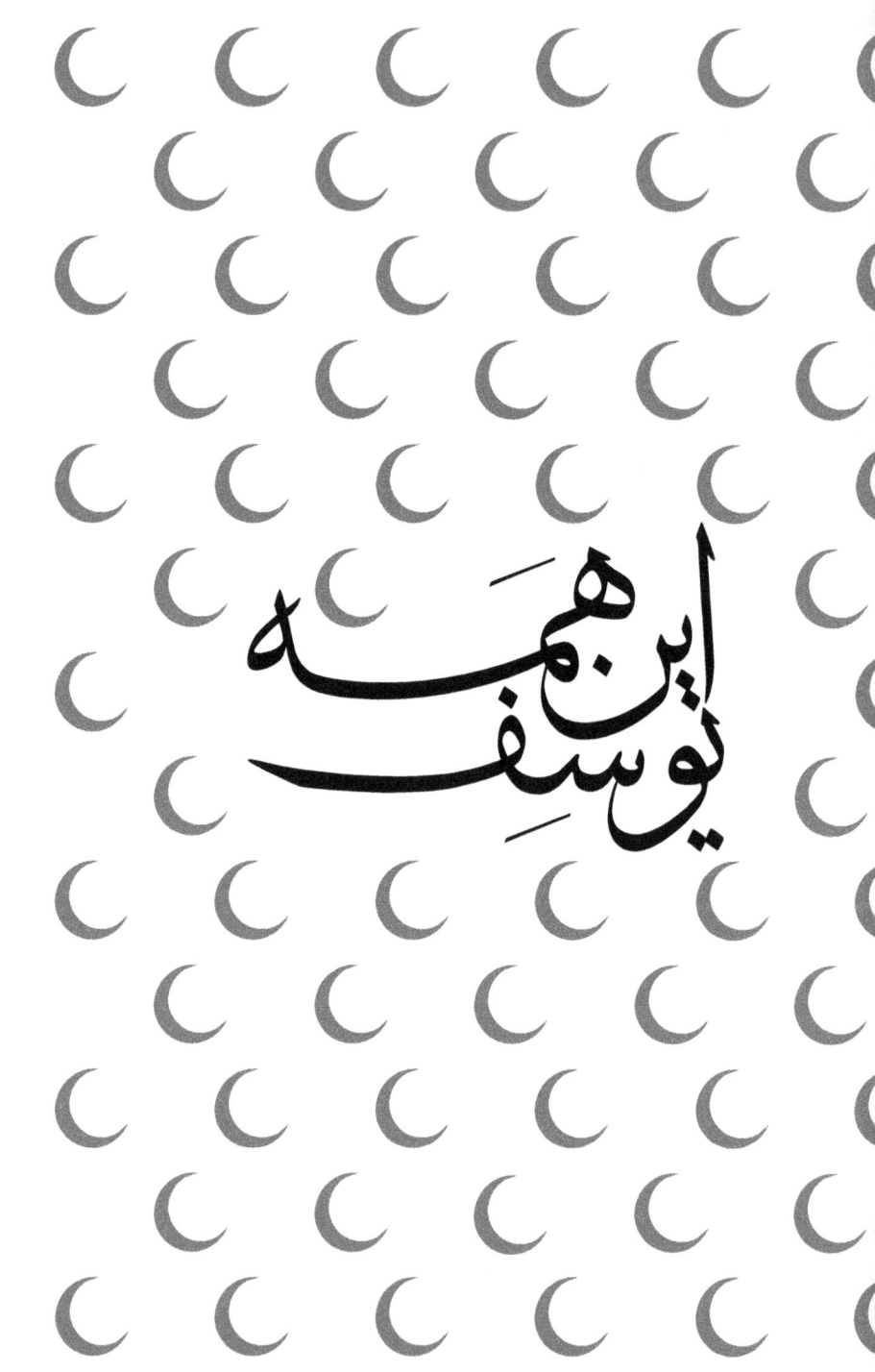

انتشارات سوره مهر (وابسته به حوزه هنری)

مرکز آفرینش‌های ادبی

این همه یوسف

شاعر: علیرضا قزوه

طرح جلد: سعید باباوند

اچ‌انداس مدیا: تحت امتیاز انتشارات سوره مهر
چاپ بر اساس تقاضا: ۱۳۹۴

شابک: ۰ - ۹۴۲ - ۱۷۵ - ۶۰۰ - ۹۷۸

نقل و چاپ نوشته‌ها منوط به اجازهٔ رسمی از ناشر است.

سرشناسه : قزوه، علیرضا، ۱۳۴۲ -
عنوان و نام پدیدآور : این همه یوسف / شاعر علیرضا قزوه؛ [برای] مرکز آفرینش‌های ادبی[سازمان تبلیغات اسلامی، حوزه هنری].
مشخصات نشر : تهران: شرکت انتشارات سوره مهر، ۱۳۹۳.
مشخصات ظاهری : ۴۰ ص.
ISBN: 978-600-175-942-0

وضعیت فهرست نویسی : فیپا
یادداشت : چاپ قبلی: کنگره بزرگداشت سرداران شهید و بیست و سه هزار شهید استان‌های خراسان، انتشارات ستاره‌ها، ۱۳۸۷. (۶۰ ص.)
موضوع : شعر فارسی -- قرن ۱۴
موضوع : کلاهدوز، یوسف، ۱۳۲۵-۱۳۶۰.
موضوع : جنگ ایران و عراق، ۱۳۵۹-۱۳۶۷ -- شهیدان -- شعر
موضوع : شعر مذهبی فارسی -- قرن ۱۴
شناسه افزوده : شرکت انتشارات سوره مهر
شناسه افزوده :سازمان تبلیغات اسلامی. حوزه هنری. مرکز آفرینشهای ادبی
رده بندی کنگره : ۱۳۹۳ ۹الف‌۸/ PIR۸۱۷۴
رده بندی دیویی : ۸فا۱/۶۲
شماره کتابشناسی ملی : ۳۵۳۷۲۱۹

نشانی: تهران، خیابان حافظ، خیابان رشت، پلاک ۲۳
صندوق پستی: ۱۱۴۴-۱۵۸۱۵
تلفن: ۶۱۹۴۲ سامانه پیامک: ۳۰۰۰۵۳۱۹
تلفن مرکز پخش: (پنج خط) ۶۶۴۶۰۹۹۳ فکس: ۶۶۴۶۹۹۵۱
www.sooremehr.ir

اشاره

مثنوی «این‌همه یوسف»، که نخستین بار در سال ۱۳۷۶ به نشر رسید، به شهید بزرگوار یوسف کلاهدوز و سی تن از شهدای گرانقدر جنگ هشت‌ساله‌مان تقدیم می‌شود. این مثنوی ادای دین و ارادتی است به مردانی که با درخت و کوه و دریا خطبهٔ برادری خوانده بودند و اینک هریک قله‌ای استوار، باغستانی سرسبز، و دریایی از حماسه و شکوه‌اند. این کتاب برای سه چاپ به مؤسسهٔ حفظ آثار جنگ سپرده شده بود و اگرچه از حلقهٔ دیگر کتاب‌هایم، که به چاپ‌های متعددی رسیدند (از نخلستان تا خیابان/ چاپ هفدهم، با کاروان نیزه/ چاپ دهم، من می گویم شما بگریید/ چاپ شانزدهم، و...)، تا

حدی دور ماند، در جشنوارهٔ انتخاب بهترین کتاب‌های دفاع مقدس در بخش شعر رتبهٔ نخست را به دست آورد و علاوه بر آن، یک اثر تحقیقی و دانشگاهی نیز هست و تاکنون مقالات و پایان‌نامه‌های ادبی خوبی دربارهٔ آن نوشته شده است. با سپاس و تقدیر از تلاش‌های این بزرگواران، اینک فرصتی فراهم آمده است تا در کنار دیگر کتاب‌هایم این اثر نایاب را، که حتی نسخه‌ای از آن را به دشواری فراهم آورده‌ام، از سوی انتشارات ارجمند «سورهٔ مهر» حوزهٔ هنری روانه بازار نشر کنم.

هوالعشق و هوالحیّ و هوالهو
خوشا هوهو زدن با حضرت او
به نام او که دل را چاره‌ساز است
به تسبیحش زمین، مُهر نماز است
چراغی مرده‌ام، دل کن دلم را
به بسم‌الله، بسمل کن دلم را
بگیر این دل، دل ناقابلم را
به امیدی که بگدازی دلم را
بده حالی که حالی تازه باشد
که هر فصلش وصالی تازه باشد

مدد کن لحظه‌ای از خود گریزم
که تاریک است صبح رستخیزم
تمام فصل من شد برگ‌ریزان
بده داد منِ از خود گریزان

۱

الهی سینه‌ای داریم پرسوز
تبسم کن در این آیینه یک روز
تبسم کن، تبسم کن، الهی
مرا در عطر خود گم کن، الهی
من از کوه و درختی کم نبودم
شبی با من تکلم کن، الهی
همه حیران چو موساییم در طور
تجلی کن شبی، یا نور یا نورا!
تجلی کن که ما گم‌کرده راهیم
ببخشامان که لبریز از گناهیم

۲

الهی سر به زیران تو هستیم
اسیرانیم، اسیران تو هستیم
اسیرانی سراسر دل پریشیم
الهی، ما گرفتاران خویشیم

الهی، الامان از نفس بدکیش
اسیر تو گریزان است از خویش

دلم سرگرم کارِ هیچ کاری
امان از این پَریشان روزگاری
نه گفتارم به کار آمد، نه رفتار
گرفتارم، گرفتارم، گرفتار
دلا برخیز، از این بیهوده برخیز
به چشمانم چراغ گریه آویز
از آن ترسم که در روز قیامت
نیاید دل به کار سوختن نیز

۳

الهی ما نیازیم و تو نازی
غم ما را تو تنها چاره‌سازی
الهی درد این دل را دوا کن
همین امشب مرا از من جدا کن
دعا کن یک سحر در خود برویَم
بگویم آنچه را باید بگویم
دلم را شعلهٔ آه سحر کن
مرا در یک دوبیتی مختصر کن:
«الهی درد عشقم بیشتر کن

دل ریشم از این غم، ریش‌تر کن
از این غم گر دمی فارغ نشینم
به جانم صد هزاران نیشتر کن»[1]

۴

بده ساقی سبویی حال‌گردان
مرا از اهل بیت می بگردان
خداوندی که می را خضرِ من کرد
به نام عشق، آغاز سخن کرد
می‌ای خواهم که باشد نغمهٔ او
هوالعشق و هوالحیّ و هوالهو
می‌ای تا زیر و رو سازد دلم را
به شطّ آتش اندازد دلم را
می‌ای تا در دلم باران بگیرد
صدایی مرده امشب جان بگیرد
می‌ای تا بگذرم از هرچه هستی
برقصم در نماز شور و مستی
دعا کن آتش می در بگیرد
جنون جان مرا دربر بگیرد
مرا زندان تن کرده‌ست دل‌ریش
جنون کو؟ تا رهایم سازد از خویش

---

۱. از باباطاهر است.

کجایی ای جنونم، ای جنونم؟
شکست افتاده در سقف و ستونم
کجایی ای منِ از من رهیده؟
بچرخانم چو تیغ آبدیده
رهی دارم که پایانش عدم نیست
اگر عالم شود شمشیر، غم نیست
مبین آیینهٔ رازم شکسته‌ست
صدایم مرده و سازم شکسته‌ست
دلم را تکه‌ای عرش برین کن
مرا سرشار از نور یقین کن

۵

الهی باده‌ام بی آب و رنگ است
بنوشانم که دیگر وقت، تنگ است
به حق سورهٔ می، سورهٔ خم
به روی ما تبسم کن، تبسم
مدارا کن، مدارا با اسیری
بده ساقی، می روشن‌ضمیری
ببر ما را به کوی می‌فروشان
بنوشان باده از جامی خروشان
بگردان و بگردان و بگردان
بنوشان و بنوشان و بنوشان

«چو مستم کرده‌ای مستور منشین
چو نوشم داده‌ای زهرم منوشان»[1]
وصیت می‌کنم صبحی که مُردم
مرا در خلعتی از می بپوشان
دلم وقف شما ای می‌پرستان
سرم نذر شما ای باده‌نوشان
شب قدر آمد ای ساقی دوباره
ببر ما را به کوی می‌فروشان
بده جامی که جانم جان شود باز
برآید از خم و خمخانه آواز

۶

بده ساقی، میِ زاینده‌هوشی
شراب عرشیِ خورشیدجوشی
می محرابی تهلیل‌گویی
می «اسرایی» «معراج»پویی
می‌ای خواهم که رحمانی‌ست حالش
میِ من چهارده قرن است سالش
میِ‌ای خواهم که حالم را بداند
برایم تا سحر «حافظ» بخواند
شفابخش دلِ بیمار باشد

---

۱ . از حافظ شیرازی است.

الهی نامه‌ی عطار باشد
می‌ای کز هر رگش «الله» جوشد
خط جورش خطایم را بپوشد
می‌ای خواهم که تا خویشم برد راه
می لبریز «حمد» و «قل هو الله»
می‌ای که «قل هو الله احد»گوست
می‌ای که قل‌قلش فریاد هوهوست
می منِ پنج نوبت در سپاس است
به رنگْ آتش، به بو لبخندِ یاس است
می‌ای خواهم نماز شب بخواند
دعای ندبه زیر لب بخواند
میِ من هر سحر گرم اذان است
کمیل ابن زیاد ندبه‌خوان است
شب قدر است تا دل پر بگیرد
می‌ای خواهم که قرآن سر بگیرد
شب قدر است و صبح سرنوشت است
می‌ای خواهم که تاکش از بهشت است
می‌ای که روز و شب در ذکر هوهوست
می‌ای که هر سحر «حیّ عَلی...»گوست
شما باران هوهو دیده بودید؟
می «حیّ علی...»گو دیده بودید؟
می‌ای خواهم می‌ای از خمّ لبّیک

مِی «لبّیک، اللّهم لبّیک»
مِی‌ای خواهم برقصاند فلک را
مِی «یا لیتنی کنّا معک را»
مِی‌ای خواهم که یا مولا بگوید
«حسینم وا حسینم وا» بگوید
جهانْ مست و زمین مست و زمان مست
بیا ساقی که ما رفتیم از دست
خرابم کن که آبادم کنی باز
فنایم کن که ایجادم کنی باز
دخیلی بسته‌ام بر دستهٔ جام
دلم را جامی از می کن سرانجام

۷

شب است و غیر تب، تابی ندارم
ز دست مثنوی خوابی ندارم
رها کن بازی قول و غزل را
ستایش کن کریم لم یزل را
شدم دل خسته از نازک خیالی
به فریادم رس ای آشفته‌حالی
خوشا شعری که یک سر شور باشد
اناالحق گفتن منصور باشد

چراغی از قدح روشن کن ای دل
لباسی از غزل بر تن کن ای دل
من از اول غمم ضرب‌المثل بود
شروع مثنوی‌هایم، غزل بود
غمی دارد دل غربت‌سرشتم
در این دوزخ چرا گم شد بهشتم؟
خطوط دست من از جنس داغ است
من از روز ازل حسرت‌سرشتم
ز تار و پود باران و دوبیتی‌ست
غزل‌هایی که در غربت نوشتم
گلی بودم بهشتی، اینک اما
چو خاری پشت دیوار بهشتم
اگر سی روز ماهم روزه‌داری‌ست
شب قدری ندارد سرنوشتم
ز خشتم بعد از این خمخانه سازید
که اول نیز از خُم بود خشتم

۸

مرا دوشینه شام دیگری بود
به روی شانه‌ام بال و پری بود
اذان گفتند، آهم آتشین شد
دلم با جبرئیلی همنشین شد

اذان گفتند سر بردیم در چاه
ستاره بود و من، من بودم و ماه
چنان سر در دل خُم کرده بودم
که نام خویش را گم کرده بودم
همین امروز حالی داشت حالم
ولی امشب چه سنگین است بالم
چه شد آن شادی دوشینهٔ من؟
چرا غم خیمه زد بر سینهٔ من؟
چه شد آن حال دیگرگون کجا رفت؟
بگو آن شادی محزون کجا رفت؟
چه شد ساقی میِ از خود گریزم؟
شرابِ شب‌نشینِ صبح‌خیزم؟
چه شد ساقی سحر شد می نیامد؟
تب من بیشتر شد، می نیامد
کسی کو تا به هوشم آورد باز؟
به کوی می‌فروشم آورد باز
به جانم باده پی‌درپی بریزد
به جام من «دو رکعت می» بریزد
خوشا دردی که با شادی عجین است
خوشا اشکی که شادی آفرین است
خوشا با بی‌دلان رقصی از این دست

«خمستان در سر و پیمانه در دست...»[1]

۹

من امشب می‌پرستی می فروشم
به خواب «صَحو» رفته عقل و هوشم
یکی شد «سُکر» و «صحو»م، عقل و دینم
هوای گریه دارد آستینم
چه سُکر و صَحو شادی آفرینی
«مقام» شادی و «حال» حزینی
دگر «حلاج» روحم «بوسعید»ی‌ست
دلم امشب «جنیدِ» «بایزید»ی‌ست
همه اعضای من امشب زبان‌اند
همه رگ‌های من آوازخوان‌اند
چنان سرمست از شُربِ طهورم
که می سر می‌زند فردا ز گورم
من از دلدادگان کوی اویم
مرید خانقاه روی اویم
کی‌ام؟ از جرعه‌نوشان جلالش
مقیم آستانِ بی‌زوالش
بگو مَستان به خاکم مِی فشانند
بزن نی تا صراحی‌ها بخوانند

---

۱. «خمستان در سر و پیمانه در دست است مست من...» از بیدل دهلوی است.

الهی، سکر این می را فزون کن
به حق می مرا از من برون کن
خوشا آنان که دل را چاک کردند
اگر سر بود، نذر تاک کردند
من امشب سوزِ دل از نی گرفتم
شفای تازه‌ای از مِی گرفتم
چه شکّرها ز نِی می‌ریزد امشب
سرِ ما نُقل و مِی می‌ریزد امشب

۱۰

بیا ای عشق، ما را زیر و رو کن
به جای باده آتش در سبو کن
بیا ای عشق، خونِ جام ما باش
نماز صبح و ظهر و شامِ ما باش
بگو مستانِ ربانی بیایند
یلانِ در خدا فانی بیایند
همان‌هایی که اهل سوز و سازند
همان‌هایی که دائم در نمازند
همان‌هایی که خاطرخواهشانم
مرید «مشرب‌الارواح»شانم
همان‌هایی که دریای یقین‌اند
گهرهای «صفات‌العاشقین»اند

همان‌هایی که ماه آسمان‌اند
دعاهای مفاتیح‌الجنان‌اند
همه افکنده بر خورشید، سایه
خدا مردانِ مصباح‌الهدایه
همه عارف‌دلِ «شرح تَعرُّف»
همه در عشق، ابراهیم و یوسف
همان‌هایی که در طیِّ طریق‌اند
چو ابراهیم در بیتِ عتیق‌اند
زمین را صد دهان تهلیل دیدند
زمان را صور اسرافیل دیدند
همه مستان بزمِ قاب قوسین
همه «نورالقلوب» و قرّة‌العین
همان‌هایی که با او می‌نشینند
خراب از سُکر «کنزالعارفین»اند
میان خون خود گرم سجودند
بلانوشان «اسرارالشهود»ند
خوشا نام‌آوران کوی اعجاز
شقایق‌سیرتان گلشن راز
خوشا آن دل که با روحش بحل کرد
بدا دنیا که ما را خون به دل کرد
خوشا مستی که دل را نذر می کرد
دو عالم راه را یک لحظه طی کرد

خوشا آنان که پیش از مرگ، مُردند
به راز عشق پی بردند و بردند
«خوشا آنان که جانان می‌شناسند
طریق عشق و ایمان می‌شناسند
بسی گفتیم و گفتند از شهیدان
شهیدان را شهیدان می‌شناسند»[1]

۱۱

شب امشب شور شیرینی‌ست در من
نماز گریه تسکینی‌ست در من
به جوش آمد دوباره خون مردی
تو اما ای دل غافل، چه کردی؟
بخوان امشب به آهنگ جدایی
«کجایید ای شهیدان خدایی»[2]
کجایی ای شب مجنون، کجایی؟
گل‌افشان خدا و خون، کجایی؟
می‌ای خواهم که دیگرگون شوم باز
سحر آوارهٔ «مجنون» شوم باز
مِی من شرح هفتاد و دو آیه‌ست
می خمخانهٔ «هور» و «طلایه»‌ست
چه غم میخانه گر آتش بگیرد

---

۱. از شاعر است.
۲. از مولاناست.

دعا کن مِی نمیرد، مِی نمیرد
مِی من سطری از حرمان هور[1] است
مِی من سورهٔ «والفجر» و «نور» است
مِی جوشیده با خونِ گل یاس
می خورشید رنگِ دشتِ عباس
مِی روزی که بستان را گرفتیم
کلیدِ این گلستان را گرفتیم
چه می‌شد اشک ما تفسیر می‌شد
شبم شب‌های «بهمن‌شیر» می‌شد
به مدهوشان خاکی‌پوش عاشق
به سوز نوحهٔ مردان صادق:
«سبک‌باران خرامیدند و رفتند
مرا بیچاره نامیدند و رفتند»[2]

۱۴

بگو «دشتی»ست این، بالا بخواند
«حسام‌الدّین» ز «مولانا» بخواند:
«کجایید ای شهیدان خدایی
بلاجویان دشت کربلایی»[3]

---

۱. حرمان هور نام کتابی‌ست حاوی یادداشت‌های شهید احمدرضا احدی، رتبهٔ اول کنکور پزشـکی کشور، که در کربلای ۵ جاودانه شد. این کتاب به کوشش علی‌رضا کمری و از سوی حوزهٔ هنری منتشر شده است.
۲. از قادر طهماسبی(فرید) است.
۳. از مولاناست.

تو را از جوهر غم آفریدند
مرا از ابر نم‌نم آفریدند
برای گریه در سوگ حسین(ع) است
اگر ماه محرم آفریدند
مرا عقل مجرد نام کردند
تو را عشق مجسم آفریدند
خوشا جامی که «شور»ش اصفهانی‌ست
خودش خاکی و سُکرش آسمانی‌ست
می‌ای از «اصفهانِ» دردپرور
ز خاک عاشقان مَردپرور
برایم جام جانبازی بیاور
می‌ای از خمّ «خرّازی»[1] بیاور
کسی که با جنون پیمانه می‌زد
شلال نخل‌ها را شانه می‌زد
«زمین بازیچهٔ بود و نبود است
همیشه چشم این گنبد کبود است
کنار رود کارون جان سپردی
دو چشمم بعد تو زاینده‌رود است»[2]

۱۳

میِ من اصفهانی ـ کربلایی‌ست

---

۱. شهید حسین خرازی فرمانده لشکر امام حسین(ع)
۲. از شاعر است.

می روحانی «نورالصفایی»[1]ست
خوشا آنان که دین را آبرویند
به وقت «همت»[2]، «ابراهیم»خویند
«چو ابراهیم، با بت عشق می‌باز
ولی بتخانه را از بت بپرداز»[3]
شبی احرام‌پوشِ می به دستی
به من گفتا: «چرا در خود نشستی؟»
به جانم ریخت مستی، هفت باری
به او گفتم: «بچرخم؟» گفت: «آری!»
به او گفتم «بچرخم؟» چرخ «می» زد
به او گفتم: «بخوانم؟» خواند، نی زد
چه می‌دیدم؟ خودم مست و سرم مست
دلم در چرخ اول رفت از دست
دلم ناگاه با یک سوزن آه
میان چرخ چارم ماند از راه
به قدر هفت شب می خورده بودم
میان چرخ هفتم مرده بودم
مرا از من گرفت، از من جدا کرد
تمام سعی را با من صفا کرد
مرا تا پای کوه «رحمت» آورد

---

۱ . روحانی بزرگوار مرحوم حاج آقا نورالصفا، نمایندهٔ امام در سپاه سیستان و بلوچستان، که ساده‌زیستی‌اش انسان را به یاد مولا علی(ع) می‌انداخت.
۲ . شهید ابراهیم همت، فرمانده لشکر محمد رسول‌الله(ص)
۳ . از نظامی است.

به جانِ من جهانی حیرت آورد
غروب روز هشتم وقت رفتن
جهانی بود از غربت دل من
قیامت را سواد جاده دیدم
جهان را خیمه‌ای افتاده دیدم
همان شب بود کوچیدم به «مشعر»
قیامت بود آن صحرای محشر
«مطول» بود دردم، «مختصر» شد
و ناگاه آن شبِ کوتاه سر شد
به کویش سال‌ها لبیک خواندم
شبی در مشعر مویش نماندم
دلم در چاه حالی مبهم افتاد
همان شب پلک دل روی هم افتاد
نشد آن شب نخوابم می بنوشم
نشد یک شب شبیه می بجوشم
شب مستی چرا از جوش ماندم
قیامت دیدم و خاموش ماندم
خوشا آنان که چرخیدند در خون
خدا را ناگهان دیدند در خون
به پای دوست، دست از دست دادند
حسین آسا به پایش سر نهادند
چو «ابراهیم همت» در منا باش

سراپا غرق در نور خدا باش
اگر نمرود آتش زد به جانش
گلستان شد همه روح و روانش
اگر شوق خدا داری چنین کن
صفا و سعی در میدان مین کن

۱۴

بیا چون «میثمی»[۱] عبد خدا باش
به شوق کعبه‌اش در کربلا باش
چقدر این آسمانی خاک، زیباست
به دنیا گر بهشتی هست، اینجاست
فدای همتِ عرفانی تو
به قربان میِ «چمرانی»[۲] تو
مگو چمران، بگو غیرت، بگو درد
بگو تنهاترین، عاشق‌ترین مرد
بخند ای گل که فردا سربلندی
بخند ای گل که حق داری بخندی
«بروجردی» جوانانی خداجوش
همه با یک جهان فریاد، خاموش
«بروجردی»[۳]، «جهان‌آرا»[۴] و «همت»

۱ . شهید روحانی عبدالله میثمی، نمایندهٔ امام در قرارگاه خاتم‌الانبیا
۲ . شهید مصطفی چمران، فرمانده بزرگ جنگ‌های نامنظم جنوب
۳ . شهید محمد بروجردی، فرمانده قرارگاه حمزه سیدالشهدا
۴ . شهید محمد جهان‌آرا، فرمانده سپاه خرمشهر

«محمد»های کوی عشق و غیرت
کجایید آی مردان خدایی
طمع دارد سلام روستایی
در این شب‌های غم، شب‌های غربت
ز ما دستی بگیرید ای جماعت

۱۵

بیا تا جام مرآتی بگیریم
می از دست «محلاتی»[۱] بگیریم
بده جام «جهان‌آرا» پسندی
شراب سرخوش مولا پسندی
ز گُردان جنون، گُردی بپرسید
غم ما را از «افشردی»[۲] بپرسید
چو «عاشورا» بیان آسمانی
خدامردان آذربایجانی
کسی در عشق مانند شما هست؟
شما، آه ای برادرهای سرمست!
چو «مهدی» عاشقی بی‌ادعا نیست
به «زین‌الدین»[۳] قسم، مثل شما نیست

---

۱. شهید شیخ فضل‌الله محلاتی، نمایندهٔ حضرت امام در سپاه پاسداران
۲. شهید غلامحسین باقری افشردی، فرمانده اطلاعات عملیات سپاه و طراح بسیاری از عملیات‌ها
۳. شهید مهدی زین‌الدین، فرمانده لشکر علی ابن ابیطالب(ع)

تو را در «هور»[1] دیدم غرق نوری
کجا خورشید دارد سنگ گوری؟
تو را در آتش «می» خاک کردند
همه مستان گریبان چاک کردند
اگر «مهدی» شدی چون «باکری» باش
اگر خواهان حُسنی، «باقری» باش
«حسن»، رازی که در خاکش سپردیم
دریغا پی به معنایش نبردیم
حسن یعنی حسین صبرپیشه
شهید کربلاهای همیشه
حسن گفتی، حسینی‌تر شد این دل
به یاد کربلا، محشر شد این دل
چه دید آن روز؟ قرآن روی نیزه
«حسینِ»[2] کربلاهای هویزه
رجز می‌خواند و می‌چرخید مستی
میان نیزه‌ها قرآن به دستی
حسینِ من ابوالفضلی دگر بود
صدایی تابناک و شعله‌ور بود
فنا معنا ندارد در «بقایی»[3]
«کجایید ای شهیدان خدایی»؟

---

۱. هورالهویزه و هورالعظیم دو منطقهٔ عملیاتی در جنوب
۲. شهید حسین علم‌الهدی، از فرماندهان شهیر سپاه خوزستان
۳. شهید حمید بقایی، از فرماندهان سپاه خوزستان

۱۶

به حق حق، به حقّ «تندگویان»[۱]
شهید تازه‌ای از من برویان
«ز جانان مهر و از ما جانفشانی‌ست
جواب مهربانی، مهربانی‌ست»[۲]
دلم دلتنگ مردان صمیمی‌ست
مرید «حاج عباس کریمی»[۳]ست
چه ماند از او به جز مشتی غریبی؟
چه ماند از او؟ همین قرآن جیبی
تو چون موسی گذشتی از دل نیل
و من گرم مفاعیلن مفاعیل
خوشا آنان که تا او پر گرفتند
حیات تازه‌ای از سر گرفتند
من امشب جام بالایی گرفتم
می‌ای از دست «بابایی»[۴] گرفتم
می گلرنگ بالایی پسندی
می «عباس بابایی» پسندی
به «زین‌الدین» قسم اهل نبردیم

---

۱. شـــهید جواد تندگویان، وزیر نفت، که با روحیات بسیجی در مناطق جنگی جنوب حاضر بود و در عملیاتی به اسارت دشمن درآمد و بعدها در اسارت مظلومانه به شهادت رسید.
۲. از همام تبریزی است.
۳. شهید حاج عباس کریمی، فرمانده لشکر محمد رسول‌الله(ص)
۴. شهید عباس بابایی از خلبانان شجاع جنگ

اگر سر رفت از دین برنگردیم
اگر «فهمیده»[۱] را فهمیده بودیم
همه شیران میدان‌دیده بودیم
به حق «عاصمی»[۲] مردان عاشق
خرابم کن چو گردان شقایق
تو یادت هست در شب‌های پاوه
«چراغی»[۳] آسمانی بود «کاوه»[۴]
شما از عشق یک دم برنگشتید
شهید کربلای چار و هشتید
شهیدان سورهٔ والفجر هشت‌اند
که چون آب از دل آتش گذشتند

۱۷

شب والفجر کارم با خم افتاد
دلم یاد امام هشتم افتاد
چقدر اروند رنگ نیل دارد
چقدر این لشکر اسماعیل دارد
شهادت را چو اسماعیل عطشان
تمام روزهاشان عید قربان

---

۱ . شهید حسین فهمیده نوجوان سیزده‌ساله‌ای که خود را با نارنجک به زیر تانک دشمن انداخت و حضرت امام او را ستود.
۲ . شهید علی عاصمی، فرمانده اردوگاه شهدای تخریب
۳ . شهید ولی‌الله چراغچی قائم مقام فرمانده لشکر ۵ نصر
۴ . شهید محمود کاوه، فرمانده تیپ ویژهٔ شهدا

به حیدرسیرتانِ لیلة‌القدر
به «اسماعیل»[1] های لشکر «بدر»
به گلگون پیکران لشکر «نصر»
به حق سورهٔ «والفتح» و «والعصر»
الهی گوشهٔ چشمی به ما کن
به ما حال مناجاتی عطا کن
همه عرشی، همه عرش آشیان‌اند
دلیرانی که از مازندران‌اند
تمام «قدسیان» «خوش‌سیرتان‌اند»[2]
دل ما را به آتش می‌کشانند
به یاد بچه‌های «لشکر هفت»[3]
قرار از دل شد و خواب از سرم رفت

۱۸

من امشب قصد آن دارم که با سوز
به شب‌هایم ببخشم جلوهٔ روز
بجویم جرعهٔ جام شما را
چراغانی کنم نام شما را
به یاد بچه‌های تیپ «قائم»[4]
دو چشمم چشمهٔ اشک است دائم

---

۱. شهید اسماعیل دقایقی، فرمانده لشکر بدر
۲. شهید مهدی خوش‌سیرت، فرمانده تیپ لشکر قدس گیلان
۳. لشکر ۷ زرهی ولی عصر(عج) بچه‌های خوزستان
۴. تیپ قائم، بسیجیان استان سمنان

خوشا آنان که همچون شرزه‌شیرند
بلانوشان تیپ «الغدیر»[1] ند
چه گردانی همه ماه و ستاره
همه در عشق‌بازی «دستواره»[2]
من از دنبال ایشان می‌دویدم
چو گرد کاروان از ره رسیدم
جرس بر هم زدم آن شب دوباره
خدا بود و من و ماه و ستاره
جرس بستم به محمل، محمل درد
شبی که ماه با من گریه می‌کرد
به حقِ «یا محمد! یا محمد!»
توسل کن بیاید «حاج احمد»[3]
بیا در اوج زیبایی بمیریم
دم مُردن «تجلایی»[4] بمیریم
افق، چاک دل خونین جگرهاست
سحر، جا پای مفقودالاثرهاست

---

۱. تیپ الغدیر، بسیجیان استان یزد
۲. شهید محمدرضا دستواره جانشین فرماندهی لشکر ۲۷ محمد رسول‌الله(ص)
۳. جاویدالاثر حاج احمد متوسلیان، فرمانده لشکر ۲۷ محمد رسول‌الله(ص) و از مؤسسان حزب‌الله لبنان که به دست فالانژهای وابسته به اسرائیل در لبنان ربوده شد.
۴. شهید علی تجلایی فرمانده طرح و عملیات قرارگاه خاتم

۱۹

بیا و مرتضایی کن دلت را
خدایی کن، خدایی کن دلت را
شهیدی بود چون «آوینی»[۱] این دل
چرا شد غرق در خودبینی این دل؟
شکسته تار من چنگی بیاور
شراب «زارعی»[۲] رنگی بیاور
می «احمد» تباری دوست دارم
خراسانی دوتاری دوست دارم
بگو بارانِ پی درپی بیاید
سحر ناگاه سیل می بیاید
بشویَد سینهٔ زنگاری‌ام را
به من باز آورد بیداری‌ام را

۲۰

نسیمی تازه از لاهوت آمد
تمام شب گُلِ تابوت آمد
گل تابوت‌هایِ خالی از خود
همه گرم دعا، گرم تشهد
گل خورشیدیِ الله‌اکبر
همه سر تا به پا، بی‌پا و بی‌سر

---

۱. شهید مرتضی آوینی، پژوهشگر، نویسنده، و فیلمساز جنگ و راوی روایت فتح
۲. زنده‌یاد احمد زارعی، از فرماندهان جنگ و فرهنگ دفاع مقدس

چو نی لبریز از عشق جلالی
سبک مانند نی، از خویش خالی
گل سوری و گل‌های صبوری
گلی که خورده آب از داغ دوری
تو گل دیدی که جام می بگیرد؟
به لب تا شروه خواند، نی بگیرد؟
هزار آیینه دیدم می به دست‌اند
هزاران بار بغضم را شکستند
بلرزان شانه را، باران تابوت!
دل ما شد کویر تشنهٔ لوت
نباشد آب حیوان در سرابی
مجوی اسرار بیداری ز خوابی
برون از خود نرفتن، رفتن ماست
خدای ما چرا اهریمن ماست؟
گروهی مست در «حال» و «مقام»اند
گروهی مردهٔ حال و مقام‌اند
سوار کشتی نوح‌اند آنان
اگر جسمیم ما، روح‌اند آنان
دمی دارند چون عیسی بن مریم
دلی دارند از جنس محرم
از آنان باز پیغامی رسانید
به ما هم جرعهٔ جامی رسانید

۲۱

یک امشب ای مریدِ حضرتِ می
بیا بنشین به پای صحبت می
بیا ساقی که طوفانی‌ست حالم
عطشناکِ میِ «یوسف»[۱] خصالم
شبی که یوسفم یاد از وطن کرد
نگاهم بوی پیراهن به تن کرد
سرم خواب اجل دارد دوباره
دلم شور غزل دارد دوباره
دل من یوسف افتاده در چاه
رسن کوتاه و طول عمر، کوتاه
گذشتند از سرِ من کاروان‌ها
نمی‌آید کسی جز ماه از راه
بیا دستم بگیر، ای درد، ای درد
به فریادم برس، ای آه، ای آه
اگر یارم شوی شب می‌شود روز
اگر ترکم کنی گم می‌کنم راه
نمی‌بینی دل ما پاره‌پاره‌ست؟
کتانِ خلعتی داریم از ماه
الهی گوشهٔ چشمی به ما کن
که دل‌گرمیم از هایِ هوالله

---

۱. شهید یوسف کلاهدوز، قائم‌مقام سپاه پاسداران

بیا ای یوسف افتاده در چاه
ببر با جلوه‌ات رنگ از رخ ماه

۲۲

کجایی یوسف ثانی، کجایی؟
خدامردِ خراسانی، کجایی؟
تو را چیدم میان دست‌چین‌ها
کجایی یوسفِ یوسف‌ترین‌ها؟
عزیز جان من! یوسف‌ترینم
بده مشقی به طفلِ عقل و دینم
بیاموزم اصول‌الدین مستی
که غرقم در سرابِ خودپرستی
هوس، گرگی‌ست افتاده به جانم
چگونه سورهٔ «یوسف» بخوانم؟
برادرهای من! امشب بمانید
برایم سورهٔ یوسف بخوانید
چو ماهی بی‌تکلف بود یوسف
درون چاه، یوسف بود، یوسف
کجا یوسف اسیر چاه تن شد
به هر گامی خلیل بت‌شکن شد
چرا ما ماه کنعانی نباشیم؟
چرا ما یوسف ثانی نباشیم؟

چرا ما چشم یوسف‌بین نداریم؟
مسلمانیم و درد دین نداریم

۲۳

تو نور چشم یوسف‌بین ما باش
بیا و چلچراغ دین ما باش
چه زنگی شد دل کنعانی ما
هوس‌رنگ است یوسف‌خوانی ما
دل تو یوسف این خازن و خان
دل ما قحط پروردانِ کنعان
در این قحطی تو با ما باش، یوسف!
عزیز مصر دل‌ها باش، یوسف!
همه افتاده مجروحانِ چاهیم
ببخشامان که لبریز از گناهیم
برادرهای شمعونی‌نسب، ما
یهوداهای محروم از ادب، ما
چه سازد دَلوِ شعرِ کوچک ما
صدای نی ندارد سوتک ما
ندانستیم آخر قدر این سیم
به ده درهم تو را کردیم تسلیم
تو را دادیم ما آخر به دنیا
امان از بازیِ امروز و فردا

شبیه آب می‌جوشید یوسف
همیشه ساده می‌پوشید یوسف
زلالی وامدار سادگی‌هاست
بسی معراج در افتادگی‌هاست
بیا یوسف! نماز شب بخوانیم
کنار یازده کوکب بخوانیم
بخوان تا خاک بوی گل بگیرد
چمن در کف، سبوی گل بگیرد

۲۴

زمین پر می‌شود از بوی یوسف
دل خود را روان کن سوی یوسف
بیا مُشکی ببر از مصر خالش
بیا حُسنی بچین از روی یوسف
نخواهم داد در سودای زلفش
جهانی را به تار موی یوسف
سحر خورشید هم چون نابرادر
خجالت می‌کشد از روی یوسف
نسیم صبح اگر باشد معطر
نمازی خوانده در گیسوی یوسف...

به پایان آمد اندک اندک این شب

به آغازم رسان «یا ربّ یا ربّ»
به آغازی که انجامی ندارد
که صبحش تا ابد شامی ندارد

All These Josephs

By

Alireza Ghazveh

2015

I0172596

www.ingramcontent.com/pod-product-compliance
Lightning Source LLC
Chambersburg PA
CBHW032106040426
42449CB00007B/1199
9786001759420